ROMANO GUARDINI
VOM SINN DER SCHWERMUT

Romano Guardini

ROMANO GUARDINI

VOM SINN DER SCHWERMUT

IM VERLAG DER ARCHE IN ZÜRICH

Alle Rechte vorbehalten
Copyright © 1949 by Peter Schifferli,
Verlags AG «Die Arche», Zürich
Printed in Switzerland
ISBN 3 7160 1523 7

VOM SINN DER SCHWERMUT

I

Die Schwermut ist etwas zu Schmerzliches, und sie reicht zu tief in die Wurzeln unseres menschlichen Daseins hinab, als daß wir sie den Psychiatern überlassen dürften.

Wenn wir also hier nach ihrem Sinn fragen, so ist damit auch schon gesagt, daß es uns nicht um eine psychologische oder psychiatrische, sondern um eine geistige Angelegenheit geht. Wir glauben, es handelt sich um etwas, was mit den Tiefen unseres Menschentums zusammenhängt.

Damit empfunden werde, worum es sich hier handelt, sollen einige Sätze aus Schriften und Aufzeichnungen eines Mannes vorausgehen, der selbst tief in der Schwermut gestanden hat; in dem sie nicht nur eine Macht war, die in sein Denken und Handeln hineinwirkte; ein innerer Ton, der durch seine ganze Existenz hindurchschwang — sondern der sie über all das hinaus mit Bewußtsein auf sich genommen hat, als Ausgangspunkt für seine sittliche Aufgabe, als Ebene für sein religiöses Ringen: ich meine Sören Kierkegaard. Die folgenden Sätze sollen die Spannweite abstecken und die inneren Dimensionen deutlich werden lassen, in welchen dieses vielleicht schmerzlichste menschliche Phänomen sich bewegt.

«Das Furchtbare ist, wenn eines Menschen Bewußtsein von Kindheit auf einen Druck erhalten hat, den alle Elastizität der Seele, alle Energie der Freiheit nicht heben kann. Sorge im Leben kann das Bewußtsein wohl bedrücken, aber tritt die Sorge erst in einem reiferen Alter ein, bekommt sie nicht Zeit, diese Naturgestalt anzunehmen; sie wird ein historisches Moment, nicht ein Etwas, das gleichsam über das Bewußtsein selbst hinaus liegt. Der, welcher einen solchen Druck von Kindheit an hat, er ist gleich wie ein Kind, das mit der Zange aus dem Mutterleibe geholt wird, und das beständig eine Erinnerung an die Schmerzen der Mutter trägt . . .»[1]

«So trat ich ins Leben hinaus, durch Geistesgaben und äußere Verhältnisse auf jede Weise begünstigt; es war und wurde alles getan, um meinen Geist so reich wie möglich zu entwickeln. So trat ich ins Leben hinaus: zuversichtlich (in einem gewissen Sinne — denn ich hatte dabei eine entschiedene Sympathie und Vorliebe für das Leiden und alles in irgendeiner Weise Unterdrückte und Leidende), ja mit einer fast dummdreist stolzen Haltung. Keinen Augenblick meines Lebens war ich von dem Glauben verlassen: Man kann, was man will — nur eines nicht, sonst unbedingt alles, das eine aber nicht: die Schwermut heben, in deren Bann ich war. Niemals (andere mögen das wohl für Einbildung halten, was für mich doch Wahrheit war und ebenso wahr wie das Nächstfolgende, was andere wieder für eine Einbildung halten werden) — niemals ist mir der Gedanke gekommen, daß zu meiner Zeit jemand lebte oder geboren würde, der mir überlegen wäre — und in meinem Innersten war ich mir selbst der Elendeste von allen. Niemals ist mir in den Sinn gekommen, daß ich nicht, auch wenn ich das Dummdreisteste unternähme, siegen würde — nur in einem nicht, sonst unbedingt in allem; aber in dem einen nicht: dieser Schwermut Herr zu werden, von deren Druck ich kaum einen Tag ganz frei gewesen bin. Indessen ist das doch so zu verstehen, daß ich frühzeitig in den Gedanken eingeweiht war, Siegen im Sinne der Unendlichkeit (also das einzig wirkliche Siegen) müsse im Sinne der Endlichkeit ein Leiden werden. So stimmte das wieder mit meinem innersten, schwermütigen Gedanken, daß ich eigentlich zu nichts tauge: zu nichts im Sinne der Endlichkeit.» — [2]

«Es kommt mir vor, als wäre ich ein Galeerensklave, zusammengekettet mit dem Tode; jedesmal, wenn das Leben sich rührt, rasselt die Kette, und der Tod läßt alles hinwelken — *und das geschieht in jeder Minute.*» [3]

«Es ist furchtbar mit dem totalen geistigen Unvermögen, an dem ich in dieser Zeit leide, eben weil es gepaart ist mit einer verzehrenden Sehnsucht, mit einer geistigen Brunst — und doch so formlos, daß ich nicht einmal weiß, was es ist, das ich vermisse.» [4]

«12. Mai. Das ganze Dasein ängstigt mich, von der kleinsten Mücke bis zu den Geheimnissen der Inkarnation; ganz ist es mir unerklärlich, am meisten ich selbst; das ganze Dasein ist mir verpestet, am meisten ich selbst. Groß ist mein Leid, grenzenlos; keiner kennt es, außer Gott im Himmel, und er will mich nicht trösten; keiner kann mich trösten, außer Gott im Himmel, und er will sich nicht erbarmen.» [5]

«Ich komme eben von einer Gesellschaft, in der ich die Seele war; der Witz strömte aus meinem Mund, alle lachten, bewunderten mich — aber ich ging, ja der Gedankenstrich muß so lang sein, wie die Radien der Erdbahn— — — — — — — —
— — — — — — — — — — — —
— — — — — — — —
hin und wollte mich erschießen.
Tod und Hölle, ich kann abstrahieren von allem, aber *nicht von mir selbst;* ich kann nicht einmal mich selbst vergessen, wenn ich schlafe.» [6]

VOM SINN DER SCHWERMUT

«Was mich, den so unglücklich, so qualvoll Gefangenen, mit meinem Schicksal und meinem Leiden versöhnte, das war die unbeschränkte Freiheit, mich verstellen zu können: ich hatte und erhielt die Erlaubnis, mit meinem Schmerz unbedingt allein zu sein. Freilich, das versteht sich, es blieb immer noch genug übrig, um mich bei mir selbst meines sonstigen Könnens wenig froh werden zu lassen. — Unter diesen beiden Voraussetzungen (eines solchen Schmerzes und solcher Verstecktheit) ist es Sache der individuellen Besonderheit, welcher Seite der Mensch sich zuwendet: ob diese einsame, innere Qual (dämonisch) ihren besten, befriedigendsten Ausdruck darin findet, die Menschen zu hassen und Gott zu fluchen, oder im geraden Gegenteil. Dieses letztere war bei mir der Fall. Soweit mein Erinnern zurückreicht, war ich mit mir selbst über das eine im reinen, daß für mich bei anderen Trost und Hilfe nicht zu suchen sei. Satt von dem Vielen, das mir sonst vergönnt war, als Mensch nach dem Tod verlangend, als Geist das längste Leben wünschend, hatte ich in schwermütiger Liebe zu den Menschen den Gedanken, ihnen behilflich zu sein, Trost für sie zu finden, vor allem Klarheit im Denken, und besonders Klarheit über das Christentum. Sehr weit reicht in meiner Erinnerung der Gedanke zurück, daß in jeder Generation zwei oder drei sind, die an die andern geopfert werden, um in schrecklichen Leiden zu entdecken, was den anderen zugut kommt. So verstand ich schwermütig mich selbst: daß ich dazu ausersehen sei.» [7]

«...ich war nie Mensch: das war von Geburt an mein Unglück; und dieses Unglück wurde durch meine Erziehung erst recht mein Unglück. Wenn man aber Kind ist — und die anderen Kinder spielen, scherzen, oder was sonst sie tun; ach, und wenn man Jüngling ist — und die anderen Jünglinge lieben, tanzen, oder was sie sonst tun: da Geist zu sein, obgleich man Kind und Jüngling ist — fürchterliche Qual! noch fürchterlicher, wenn man mit Hilfe seiner Phantasie das Kunststück versteht, auszusehen, als wäre man der Jugendlichste von allen! Dieses Unglück ist aber im vierzigsten Jahre bereits geringer und ist in der Ewigkeit nicht mehr vorhanden. Ich habe keine Unmittelbarkeit gehabt und habe darum, einfach menschlich verstanden, nicht gelebt; mit Reflexion habe ich begonnen und nicht erst später ein wenig Reflexion gesammelt; ich bin eigentlich Reflexion von Anfang bis zuletzt. In den beiden Perioden der Unmittelbarkeit, als Kind und Jüngling, habe ich, um einen Ausweg nicht verlegen, wie das die Reflexion nie ist, mich mit einer nachgeahmten Jugendlichkeit beholfen und, über die mir ver-

VOM SINN DER SCHWERMUT

gönnte Gabe noch nicht klar, den Schmerz durchgelitten, nicht wie die anderen zu sein.» [8]

«Es ist merkwürdig, wie streng ich in einem gewissen Sinn erzogen werde. Ab und zu werde ich in das finstere Loch gesetzt, da krieche ich umher in Qual und Schmerz, sehe nichts, keinen Ausweg. Da erwacht plötzlich ein Gedanke in meiner Seele, so lebendig, wie wenn ich ihn niemals vorher gehabt hätte, wenn er mir auch nicht unbekannt ist, aber ich bin früher ihm gleichsam nur zur linken Hand angetraut gewesen, nun werde ich ihm zur rechten angetraut. Wenn dieser nun in mir sich festgesetzt hat, werde ich auf den Arm genommen, und ich, der zusammengeschrumpft war wie eine Heuschrecke, ich lebe nun wieder auf, gesund, stark, freudig, warmblütig, geschmeidig wie ein Neugeborener. Danach muß ich gleichsam mein Wort darauf geben, daß ich diesen Gedanken bis zum äußersten verfolgen will, ich setze mein Leben zum Pfand, und nun bin ich in die Sielen gespannt. Anhalten kann ich nicht, und die Kräfte halten aus. So werde ich fertig, und nun fängt alles von vorne an.» [9]

«Wie oft ist mir doch geschehen, was mir nun wieder geschehen ist. So versinke ich im Leiden der tiefsten Schwermut, der eine oder andere Gedanke knotet sich so für mich, daß ich ihn nicht lösen kann, und da er in Beziehung steht zu meiner eigenen Existenz, so leide ich unbeschreiblich. Und dann, wenn etwas Zeit vergangen ist, so platzt gleichsam die Eiterbeule und darunter liegt dann die anmutigste und reichste Produktivität — und just die, die ich im Augenblick gebrauchen soll.

Aber solange das Leiden dauert, ist es oft ungeheuer qualvoll. Doch nach und nach lernt man mit Gottes Hilfe, glaubend bei Gott zu bleiben, selbst im Augenblick des Leidens, oder doch so hurtig wie möglich wieder zu Gott hinzukommen, wenn es gewesen ist, als hätte er einen kleinen Augenblick einen losgelassen, während man litt. So muß es ja sein, denn könnte man Gott ganz gegenwärtig bei sich haben, so würde man ja gar nicht leiden.» [10]

«Ich befand mich schon ungewöhnlich wohl, als ich eines Morgens vom Bett aufstand; dann nahm dieses Wohlbefinden gegen alle Analogie zu; punkt ein Uhr hatte ich das Höchste erreicht und ahnte das schwindelerregende Maximum, das auf keinem Thermometer des Wohlbefindens mehr angegeben wird — nicht einmal auf einem poetischen. Der Körper hatte seine irdische Schwere verloren; ja, es war, als hätte ich überhaupt keinen

VOM SINN DER SCHWERMUT

Körper mehr. Jede Funktion genoß ihre volle Befriedigung; jeder Nerv war für sich wohlgestimmt und in Harmonie mit dem ganzen System; jeder Pulsschlag bezeugte die kräftige Vitalität, die den Organismus durchbebte. Mein Gang war schwebend; doch nicht wie des Vogels Flug, der die Luft durchschneidet, um sich von der Erde zu entfernen, sondern wie das Wogen der vom Winde bewegten Saat, wie das sehnsuchtstrunkene Wiegen des Meeres, wie das träumende Hingleiten der Wolken. Mein Wesen war die reine Durchsichtigkeit — wie das tiefe Sinnen der See, wie das selbstzufriedene Schweigen der Nacht, wie die monologische Stille des Mittags. Jede Stimmung tönte in meiner Seele nach wie melodische Resonanz. Jeder Gedanke bot sich von selbst an; und jeder Gedanke zog mit einer feierlichen Freudigkeit in meine Seele ein, der törichteste Einfall nicht weniger als die reichste Idee. Jeder Eindruck war geahnt, ehe er kam, und war so für mich nur die erwartete Verwirklichung einer in mir liegenden Möglichkeit. Das ganze Dasein war wie verliebt in mich und bebte in schicksalsschwangerem Rapport mit meinem Wesen. Alles war ominös in mir und alles rätselhaft verklärt in meiner mikrokosmischen Seligkeit, die alles in sich verklärte, auch das Unbehagliche, auch die langweiligste Bemerkung, auch den widerwärtigsten Anblick, auch den fatalsten Zusammenstoß. Wie gesagt, punkt ein Uhr war ich auf dem Höchsten, wo ich das Allerhöchste ahnte. Da fängt plötzlich in meinem linken Auge etwas zu jucken an. Was es war, ob ein Haar der Wimper, ob ein Fäserchen oder ein Staubkorn, ich weiß es nicht; das aber weiß ich, daß ich im selben Augenblick hinabstürzte in einen Abgrund der Verzweiflung.» [11]

«19. Mai, vormittags 10.30 Uhr. Es gibt eine *unbeschreibliche Freude,* die ebenso unerklärlich uns durchglüht, wie der Ausbruch des Apostels unmotiviert eintritt: «Freuet euch, und wiederum sage ich: freuet euch» — nicht eine Freude über dieses oder jenes, sondern der Seele feuriger Ausruf «mit Zunge, Mund, aus Herzensgrund»: Ich freue mich mittelst meiner Freude, von, in, an, bei, durch und mit meiner Freude — ein himmlischer Kehrreim, der gleichsam plötzlich unseren übrigen Gesang abschneidet; eine Freude, die gleichwie ein Windhauch kühlt und erfrischt, eine Welle des Passates, der aus dem Hain Mamre zu den ewigen Wohnungen bläst.» [12]

«Vom «Dichter» sagt man, er rufe die Muse an, um Gedanken zu bekommen. Das ist bei mir eigentlich nie der Fall gewesen, meine Individualität versagt mir sogar, das zu verstehen; im Gegen-

VOM SINN DER SCHWERMUT

teil, ich brauchte jeden Tag Gott, um mich des Reichtums der Gedanken zu erwehren. Wahrlich, gib einem Menschen eine solche Produktionskraft und dazu eine so schwache Gesundheit, so wird er schon beten lernen. Ich könnte mich niedersetzen und ununterbrochen Tag und Nacht und nochmal einen Tag und eine Nacht fortschreiben, da Reichtum genug da ist; dieses Kunststück habe ich jeden Augenblick machen können; kann es noch jetzt. Würde ich es tun, so bin ich gesprengt. O, nur die geringste Unvorsichtigkeit in der Diät, so bin ich in Lebensgefahr. Wenn ich aber Gehorsam lerne, die Arbeit als strenge Pflichtarbeit tue, die Feder ordentlich halte und jeden Buchstaben sorgfältig schreibe, so kann ich. Und dann habe ich oftmals mehr Freude von meinem gehorsamen Verhalten gegen Gott gehabt als von den Gedanken, die ich produzierte...» [13]

«Allein auch in anderer Hinsicht habe ich während meines schriftstellerischen Schaffens Tag für Tag im Lauf der Jahre Gottes Beistand gebraucht; denn er ist mein einziger Mitwisser gewesen, und nur im Vertrauen auf sein Mitwissen habe ich wagen dürfen, was ich wagte, und aushalten können, was ich aushielt, und die Seligkeit darin gefunden, in der ungeheuren Welt ganz buchstäblich allein zu sein. Denn wo ich auch war, vor aller Augen oder unter vier Augen mit dem Vertrautesten, immer war ich in Betrug gehüllt, also allein: in der Einsamkeit der Nacht konnte ich nicht mehr allein sein. Ich war allein nicht in den Urwäldern Amerikas mit ihren Schrecknissen und Gefahren, sondern allein in der Gesellschaft der schrecklichsten Möglichkeiten, gegen welche auch die schrecklichste Wirklichkeit Erquickung und Linderung ist; allein, beinahe mit der menschlichen Sprache entzweit; allein in Qualen, die mich mehr denn eine neue Note zu jenem Text vom Pfahl im Fleisch lehrten; allein in Entscheidungen, bei denen man Freunde, womöglich das ganze Geschlecht, zum Rückhalt hätte brauchen können; allein in mancher dialektischen Spannung, die jeden Menschen mit meiner Phantasie (ohne Gott) zum Wahnsinn bringen würde; allein in Todesängsten; allein in der Sinnlosigkeit des Daseins, ohne mich (auch wenn ich wollte) auch nur einem einzigen verständlich machen zu können — ja, was ich sage «einem einzigen»: es gab Zeiten, wo mir nicht das fehlte (so daß man also nicht sagen könnte: «das fehlte bloß noch»), Zeiten, da ich mich auch mir selbst nicht verständlich machen konnte. Denke ich nun daran, daß Jahre auf diese Weise vergingen, so schaudere ich; sehe ich einen einzigen Augenblick fehl, so sinke ich zusammen. Sehe ich aber

VOM SINN DER SCHWERMUT

richtig, so daß ich gläubig im Vertrauen zu Gottes Mitwissen die Ruhe finde, so ist die Seligkeit wieder da.» 14

«Hat ein Mensch das Recht, seinen eigenen Untergang zu wollen? Nein! Warum nicht? Weil so etwas entweder seinen Grund in Lebensekel hat — und dann soll er die Güte haben, ihn zu bekämpfen. Oder es ist der, mehr sein zu wollen als ein Mensch. Denn wahr genug, es gibt Fälle, wo auch menschlicher Verstand sehen kann: hier würde ein Opfer eine ungeheure Wirkung hervorbringen, recht Platz schaffen. Aber seinen Untergang zu wollen, ist doch zu hoch für einen Menschen.
Seinen Untergang zu wollen, ist so hoch, daß nur das Göttliche diesen Willen vollkommen rein haben kann. In jedem Menschen, der so etwas wollte, wird immer ein Zusatz von Schwermut sein. Hier liegt also der Fehler. Vielleicht ist es ein zurückgedrängter Wunsch u. ä., über den er doch eigenmächtig verzweifelt (denn für Gott ist alles möglich), und nun wirft sich seine Leidenschaft auf diese Art Heroismus.

Aber dieses ist nicht zulässig. Ein Mensch soll vor Gott seine Wünsche zugeben, menschlich sehen, sie erfüllt zu bekommen, Gott darum bitten, daß er es tun wolle — und dann es Gott überlassen, ob er möglicherweise just auf diesem Wege seinem Untergang entgegengehen soll. Kurz: ein Mensch soll ein Mensch sein.» [15]

«Von Kind auf war ich unter dem Bann einer ungeheuren Schwermut, deren Tiefe ihren einzigen wahren Ausdruck in der mir vergönnten, ebenso ungeheuren Fertigkeit findet, dieselbe unter scheinbarer Munterkeit und Lebenslust zu verdecken. Von jeher (soweit überhaupt meine Erinnerung zurückreicht) fand ich darin meine einzige Freude, daß ich niemand entdecken konnte, wie unglücklich ich mich fühlte. Dabei deutete ja die genaue Proportion zwischen der Schwermut und Vorstellungskunst darauf hin, daß ich auf mich selbst und auf das Gottesverhältnis angewiesen war. — Als Kind wurde ich streng und ernstlich im Christentum erzogen, menschlich geredet, unsinnig erzogen: an Eindrücken, worunter der schwermütige Greis, der sie auf mich legte, selbst erlag, hatte ich mich schon in frühester Jugend erhoben. Ein Kind, das unsinnigerweise wie ein schwermütiger Greis fühlen, denken, leben sollte! Schrecklich! Was Wunder da, wenn mir das Christentum zu Zeiten als die unmenschlichste Grausamkeit vorkam; wiewohl ich nie (auch als ich ihm am fernsten stand) die Ehrerbietung vor ihm verlor und (besonders für den Fall, daß ich mich selbst nicht für das Christentum entscheiden sollte) fest entschlossen war, nie jemanden in die Schwierigkeiten einzuweihen, die ich kannte, von denen ich aber nie gelesen oder gehört hatte. Niemals aber habe ich mit dem Christentum gebrochen oder es aufgegeben; einen Angriff auf dasselbe zu machen, kam mir niemals in den Sinn, — vielmehr war ich, sobald überhaupt von der Anwendung meiner Kräfte die Rede sein konnte, fest entschlossen, zu seiner Verteidigung oder jedenfalls zur Darstellung desselben in seiner wahren Gestalt alles aufzubieten ... So liebte ich das Christentum in gewisser Weise; es war mir ehrwürdig; mich freilich hat es, menschlich geredet, höchst unglücklich gemacht. Das hing zusammen mit dem Verhältnis zu meinem Vater, dem Menschen, den ich am höchsten geliebt habe — und was will das sagen? Dazu gehört gerade, daß er der ist, der mich unglücklich gemacht hat — aus Liebe. Sein Fehler war nicht Mangel an Liebe; aber er nahm ein Kind für einen Greisen. Daß man den liebt, der einen glücklich macht, ist für den reflektierten Menschen eine mangelhafte Art von Liebe; liebe ich den, der mich böswillig unglücklich machte, so ist das Tugend; aber den zu lieben, der aus Liebe, also infolge eines Mißverständnisses, aber wirklich aus Liebe mich unglücklich machte: das ist die meines Wissens

bis jetzt nie beschriebene, aber normale Form der
Liebe des reflektierten Menschen.» [16]

«Wunderbar, wie doch Gottes Liebe mich überwältigt — ach, ich weiß zuletzt kein wahreres Ge-
bet, als daß ich immer und immer wieder bete,
daß Gott mir überhaupt gestatten wolle, daß er
mir nicht zürnen wolle, weil ich in einem fort
ihm danke, daß er für mich so unbeschreiblich
viel mehr getan hat und tut, ja und tut, als ich
jemals erwartet hatte. Umgeben von Verhöhnung,
tagaus, tagein geplagt von den Menschen, selbst
meiner nächsten Angehörigen Kleinlichkeit, weiß
ich nichts anderes hier zuhaus oder in meinem
Innersten, als Gott zu danken; denn ich verstehe,
daß es unbeschreiblich ist, was er für mich getan hat. Ein Mensch — und was ist doch ein
Mensch für Gott, ein Nichts, weniger als ein
Nichts; und nun ein armer Mensch, der von Kind
auf in die elendeste Schwermut gefallen ist, sich
selber ein Gegenstand der Angst: und dann hilft
Gott so und vergönnt mir, was er mir vergönnt
hat! Ein Leben, das mir selber zur Last war,
wie sehr ich auch zuweilen alle die glücklichen
Anlagen verstand, aber wie alles mir verbittert
wurde durch den schwarzen Punkt, der das Ganze
verdarb ... eines solchen Lebens nimmt Gott sich
an. Er läßt mich in stiller Einsamkeit vor ihm

VOM SINN DER SCHWERMUT

weinen, meinen Schmerz ausweinen und wieder ausweinen, selig getröstet durch das Wissen, daß er um mich sich kümmert — und indessen gibt er diesem Schmerzensleben eine Bedeutung, die mich nahezu überwältigt, gibt mir Glück und Kraft und Weisheit zu allen meinen Prästationen, dazu, meine ganze Existenz zu einem reinen Ausdruck für Ideen zu machen, oder dazu macht Er sie.
Denn also verstehe ich jetzt so deutlich (wieder zu neuer Freude über Gott, neuer Gelegenheit, zu danken), daß mein Leben angelegt ist. Mein Leben hat begonnen ohne Unmittelbarkeit, mit einer entsetzlichen Schwermut, in der frühesten Kindheit schon verstört in seinem tiefsten Grund, einer Schwermut, die mich eine Zeitlang in Sünde und Ausschweifung stürzte, und doch menschlich gesprochen nahezu mehr wahnsinnig als schuldig. So hielt meines Vaters Tod wesentlich mich an. Daß jenes Grundelend meines Wesens gehoben werden könnte, durfte ich nicht glauben: so ergriff ich das Ewige, selig vergewissert, daß Gott doch die Liebe ist, wenn ich auch mein ganzes Leben so leiden sollte; ja selig vergewissert. So sah ich mein Leben an.» [17]

Wir spüren in den vorausgegangenen Texten das Gewicht dessen, worum es hier geht. Die gewaltige Spannungsweite dieser Erscheinung. Die innere Fülle ihrer Potenz.

In Fühlung mit der Gedankenwelt dieses Mannes — darüber hinaus aber aus dem Phänomen selber — wollen wir die Bedeutung zu erfassen suchen — einiges von der Bedeutung, die es für den Menschen, für das Werden von Werk und Persongestalt hat. Nicht psychologisch-medizinisch also, sondern geistig-deutend. Und zwar glaube ich, daß wir — um das Ergebnis in etwa vorauszunehmen — die Schwermut als etwas verstehen müssen, in welchem der kritische Punkt unserer menschlichen Situation überhaupt deutlich wird.

II

Wir wollen behutsam vorgehen. Wir wollen von Aeußerem zu Innerem vordringen — ohne Anspruch im übrigen, den ganzen Umfang und Inhalt des Gegenstandes erschöpfen zu können.

Sein Name sagt: Schwer-Mut. Schwere des Gemütes. Eine Last liegt auf dem Menschen, die ihn niederdrückt, daß er in sich zusammensinke; daß die Spannung der Glieder und Organe nachlasse; daß Sinne, Triebe, Vorstellungen, Gedanken erlah-

VOM SINN DER SCHWERMUT

men; der Wille schlaff, Drang und Lust zu Werk und Kampf matt werden.

Eine innere Fessel legt sich vom Gemüt her auf alles, was sonst frei urspringt, sich rührt und wirkt. Die Spannfrische des Entschlusses, die Kraft der klaren und scharfen Umreißung, der mutige Griff der Formung — das alles wird müde, gleichgültig. Der Mensch meistert das Leben nicht mehr. Er kommt im drängenden Voran nicht mehr mit. Die Ereignisse knäueln sich um ihn; er sieht nicht mehr durch. Mit einem Erlebnis wird er nicht mehr fertig. Die Aufgabe türmt sich vor ihm wie ein Berg, unübersteiglich.

Aus solchem Erleben heraus hat Nietzsche den Geist der Schwere als den Dämon schlechthin bezeichnet. Daraus ist das Sehnsuchtsbild jenes Menschen entstanden, «der tanzen kann». Das Gefühl, Leichtigkeit, Kraft zu Schweben, und zu Steigen sei letzter Wert.

Tief verwundbar ist ein solches Leben. Diese Verwundbarkeit stammt wesentlich nicht aus Mängeln der Struktur oder aus einer Unzulänglichkeit der inneren Kraft — obwohl Derartiges hinzukommen kann — sondern aus einer durch innere Vielfältigkeit der Anlagen bedingten Sensibilität des Wesens. Einfache Menschen, scheint mir, werden nicht schwermütig. «Einfachheit» aber bedeutet hier keinen Mangel an Bildung oder bescheidene gesellschaftliche Verhältnisse. Ein Mensch kann höchst unterrichtet sein, anspruchsvoll, in vielfältigen gesellschaftlichen Beziehungen und reichem Schaffen stehen, und dennoch einfach sein nach diesem Sinn. Vielfalt meint hier eine innere Gegensätzlichkeit und Lebenstendenzen; eine Spannung zwischen den Motiven; ein wechselseitiges Durchkreuzen der Triebe; Widersprüche in der Haltung Menschen und Dingen gegenüber, im Anspruch an die Welt und an das eigene Leben; in den Maßstäben, nach welchen gemessen wird...

Diese Sensibilität macht den Menschen verwundbar durch die Erbarmungslosigkeit des Daseins. Und zwar ist's gerade das Unaufhebbare darin, was verwundet; das Leiden überall; das Leiden der Wehrlosen und Schwachen; das Leiden der Tiere, der stummen Kreatur... Im letzten kann man es nicht ändern. Es ist unaufhebbar. Es ist so und bleibt. Aber gerade das ist schwer. Verwundend sind die Armseligkeiten des Daseins; daß es oft so häßlich ist, so platt...

Das Leere darin. Man möchte sagen: die metaphysische Leere. Hier ist der Punkt, wo sich mit der Schwermut die Langeweile verbindet. Und zwar eine bestimmte Art der Langeweile, wie gewisse Naturen sie erleben. Sie bedeutet nicht, daß einer nichts Ernsthaftes tue, müßig gehe. Sie kann ein

VOM SINN DER SCHWERMUT

sehr beschäftigtes Leben durchziehen. Diese Langeweile bedeutet, daß etwas in den Dingen gesucht wird, leidenschaftlich und überall, was sie nicht haben. Gesucht wird mit einer schmerzlichen Fühligkeit und Unfähigkeit zu dem, was man im besten Sinne das Bürgerliche nennen könnte: dem Kompromiß mit dem Möglichen und dem Sinn fürs Behagen. Das sucht; und versucht die Dinge so zu nehmen, wie es sie möchte; jenes Gewicht, jenen Ernst, jene Glut und Erfüllungskraft in ihnen zu finden, nach der es dürstet, und es geht nicht. Die Dinge sind endlich. Alle Endlichkeit aber ist Defekt. Und dieser Defekt ist Enttäuschung für das Herz, welches nach Unbedingtheit verlangt. Diese Enttäuschung breitet sich aus und wird zum Gefühl einer großen Leere . . . Es gibt nichts, das wert wäre, zu sein. Und nichts ist wert, daß man sich mit ihm beschäftige.

Ethische Mängel des anderen verwunden. Mängel der Vornehmheit vor allem; des Gesinnungsadels. Und besonders tief das Niedrige, das Ordinäre.

Wir haben immer das Wort «Verwundbarkeit» gebraucht; und tatsächlich liegt auf ihm der Ton. Es drückt die besondere Farbe des schwermütigen Leidens aus. Da ist nicht nur Unlust oder Verdruß oder Schmerz. Die können peinvoll sein, heftig, zu leidenschaftlichstem Widerstand aufregend. Immer aber kann etwas Helles in ihnen sein, was die Behauptungskraft zu entschiedener Gegenwehr stachelt. In der Schwermut hingegen liegt etwas anderes, Eigenes, was das Wehtuende, man möchte sagen, an den Nerv herantreibt. Ihr Leiden hat einen besonderen Innerlichkeitscharakter; eine besondere Tiefe, etwas Ungeschütztes, Bloßliegendes. Hier fehlt eine bestimmte Widerstandskraft; das macht, daß das Wehtuende sich mit etwas im Innern selbst verbindet. Diese Nähe des Leidens — dazu ein offenbares Unverhältnis zwischen dem, man möchte sagen, normalen Schmerzeffekt des Anlasses und seiner Wirkungstiefe im Schwermütigen machen deutlich, daß es sich hier um etwas Konstitutives handelt. Nicht in den äußeren Anlässen und Anstößen liegt das Eigentliche, sondern im Innern selbst; in einer Wahlverwandtschaft gleichsam zu allem, was verletzen kann.

So weit kann das gehen, daß der Schwermütige jedes Ding und jedes Ereignis, es mag sein was immer, als wehtuend empfindet. Daß die Existenz selber und als solche ihm zum Schmerz wird. Die eigene — und daß es überhaupt etwas gibt.

Ein solcher Mensch traut sich nichts zu. Er ist überzeugt, weniger zu sein als andere; nichts zu sein; nichts zu wissen. Und auch dies nicht einfach deshalb, weil er unzulänglich begabt wäre

VOM SINN DER SCHWERMUT

oder Mißerfolge erlitten hätte. Es besteht vielmehr eine Ueberzeugung a priori, die auch durch gutes Gelingen nicht endgültig widerlegt werden kann; die sich aber durch jedes Versagen weit über dessen wirkliche Bedeutung hinaus bestätigt fühlt. Mehr als das: Ein solcher Mangel an Selbstvertrauen erzeugt geradezu die Mißerfolge: Er macht innerlich unsicher; durchkreuzt und hemmt das Wollen und Handeln; macht anfällig für äußere Hindernisse.

Besonders charakteristisch ist dieser Mangel an Selbstvertrauen Menschen gegenüber. Im Gespräch; im gesellschaftlichen Verkehr; im öffentlichen Auftreten. Vielleicht damit zusammenhängend, daß hier besonders empfindliche Geltungsbedürfnisse getroffen werden.

Was alles im Uebrigen nicht ausschließt, daß ein solcher Mensch eitel sei, oder stolz; daß er nach Geltung, Ansehen verlange. Sein Denken und Phantasieren wird vielleicht sogar mit Träumen erfüllt sein, durch die er sich geehrt, und mächtig, und in Aufsehen erregenden Unternehmungen sieht... Ebenso wie die vorhin geschilderte Verwundbarkeit nicht aufhebt, daß der sie in sich trägt, für die Bedeutungsfülle, den Wertreichtum und die Schönheit der Welt tiefempfänglich sei.

Daß der Schwermütige unter jenem Druck steht; daß er durch das Dasein so leicht verwundet wird;

daß seine Kraft der Selbsteinschätzung und Selbstbehauptung so gering ist — das alles wird gleichsam aktiv und wendet sich feindselig gegen sich selbst. Die neuere Psychologie hat die Ansicht aufgestellt, was wir «Leben» nennen, sei nichts Eindeutiges. Vielmehr sei es von einem Paar widerspruchsvoll gestellter Grundtriebe beherrscht: Dem, da zu sein; sich zu behaupten; sich zu entfalten; aufzusteigen — und dem anderen, sich aufzuheben, unterzugehen. So wird es tatsächlich sein. Scheint es doch, daß nur von hier aus sich die rätselhafte Weise verstehen läßt, wie unser Lebendiges sich benimmt. Tritt ihm etwas Bedrohliches entgegen, so wehrt es sich. Aber es wehrt sich nicht nur, sondern aus ihm selbst antwortet etwas der Gefahr. Das Bedrohende schreckt nicht nur; es lockt auch. Vor der Gefahr, vor dem Tod stellt unser Lebendiges sich zur Wehr. Es fühlt sich aber zugleich seltsam angezogen, weil in ihm selbst etwas dorthin treibt.
Von hier aus tut sich ein Blick in letzte metaphysische Zusammenhänge auf: Hier ist die Ansatzstelle für etwas Geistiges: Für die «große Verachtung» seiner selbst; für den Willen, unterzugehen, damit Höheres werde.

Das alles ist, und soll lebendige Spannung bilden. In der Schwermut aber droht es ins Zerstörende

VOM SINN DER SCHWERMUT

abzugleiten. Der Trieb zum Untergang droht Herr zu werden. Schmerz und Tod gewinnen gefährliche Verlockungskraft. Eine tiefe Verführung zieht, sich sinken zu lassen.

Ja, dieser Wille wird aktiv und wendet sich geradezu gegen das eigene Leben. Zum schwermütigen Seelenbild gehört der Trieb, sich selbst zu quälen.

Schon in jener Wahlverwandtschaft mit jenen Verwundungskräften der Umgebung erraten wir ein unbewußtes Wollen.

Dieses Wollen wirkt sich suggestiv aus: Der Mensch sieht sich krank, und so schafft er sich Krankheit.

Es wirkt sich aus in seelischer Selbstbedrängnis. Diesem stummen Willen wird alles zum Werkzeug; alles, selbst das Höchste, das seiner Natur nach nur steigern und erfüllen sollte. Wir rühren hier an das Verworrenste unserer menschlichen Existenz: Auch die Werte können Werkzeuge des Leidens werden. «Wert» bedeutet, etwas ist würdig, daß es sei; es ist gerechtfertigt, zu bestehen; ist kostbar, edel, hoch. «Wert» ist Ausdruck also dafür, daß etwas positiv ist, erfüllungskräftig; daß es hebt, Sinn hereinträgt. Sobald wir einen Wert in sich selbst betrachten, etwa «das Gütige», «das Gerechte», «das Schöne».., zeigt er sich eindeutig gut, wohltätig. Mit dem Augenblick aber, wo der Wert im wirklichen Leben steht, vom wirklichen Menschen erfahren, getan wird, kann seine Wirkung mehrdeutig werden: Steigern, erfüllen; zugleich bedrohen, erschüttern. Sehen wir von Gott ab, der das Gute, die Werthaftigkeit selber und unmittelbar ist, so gibt es gesichert ein-gerichteten Wirkungssinn nur im Gebiet der bloßen Idee, des bloßen Gedankens — und dann wieder im Bereich der bloßen Natur mit ihrem gesetzlichen Ablauf. Steht ein Wert aber im Leben des Menschen, getragen von der Vielzahl seiner inneren Kräfte, in der Hand seines freien Wollens, so kann die Auswirkung des an sich Einsinnigen mehrsinnig werden. Je höher der Wert, desto vielfältiger die Möglichkeiten seiner Auswirkung. Je höher der Wert, desto größer die Möglichkeit, daß er zerstörend wirke. Es ist irrig, aus den gefährdenden Wirkungen eines Wert-Anspruchs auf dessen innere Falschheit zu schließen. Gerade die höchsten Werte sind die gefährdendsten. Niemals wird das Höhere in einfacher Lebensentwicklung erworben. Immer wird es durch Erschütterung und Gefährdung bezahlt.

Da ist es die Schwermut, in deren Bereich die stärksten Gegensinnigkeiten der Wirkung auftreten. Die schwermütige Natur ist wertfühlig in besonderem Maße. Die selbstzerstörende Tendenz in ihr aber braucht eben den Wert als gefährlichste

VOM SINN DER SCHWERMUT

Waffe gegen sich selbst. Ich erinnere etwa an jenes durch keinen wirklichen Sachverhalt gerechtfertigte Ungenügen mancher Künstlernaturen am eigenen Schaffen: Der Wert der Werkvollendung, etwas ganz Hohes also, wird hier zur zerstörenden Gewalt. Oder an die innere Unmöglichkeit der Gerechtigkeitsforderung mancher sozialen Typen: Der soziale Wert ist von vornherein so geartet, daß er keine Aussicht auf Verwirklichung hat und darum erdrückt. Ich erinnere an die furchtbare Zerstörung, welche von den beiden das innere Schicksal der Person bestimmenden Werten, dem sittlichen und religiösen, ausgehen kann: Es gibt nicht leicht ein Bild tieferer Zerrüttung als das des schwermütigen Gewissens, für welches die Pflicht zu einem Joch wird, der Wille zur Reinheit und Vollendung eine unmögliche Gestalt annimmt, außer Zusammenarbeit mit wirklichen Kräften und Verhältnissen. Das Schuld sieht, wo, für jeden anderen offenbar, keine ist; Verantwortung, wo alle Voraussetzungen dafür fehlen. Das sittliche Maßstäbe anwendet, wo es sich nur um naturhaftes Geschehen handelt. Noch tiefer vielleicht greift die Gefährdung, die vom religiösen Wert ausgehen kann: Die Hingabe an das Heilige; das Verlangen danach, das Göttliche ins eigene Leben aufzunehmen; das Streben, Gottes Reich zu verwirklichen... lauter Antriebe, von denen doch anzunehmen wäre, daß sie nur lösen, ausweiten, erheben müßten — das alles kann im Schwermütigen zu jeder Art von Angst und Verzweiflung führen, bis in die letzten Formen des Fanatismus, oder des Verlorenheitswahnes, oder der Auflehnung gegen das Heilige. Es ist, als ob ein verborgener Zerstörungswille diese höchsten aller Werte gegen das eigene Leben kehrte, ihre positiven Bedeutungen ausschaltete, und nur das Erschütternde, Bedrohende zur Auswirkung brächte.[18]

Hier vor allem liegt das Rätselhafte der Schwermut: Wie Leben sich gegen sich selber kehrt; wie die Antriebe der Selbsterhaltung, Selbstachtung, Selbstförderung durch den der Selbstaufhebung so eigentümlich durchkreuzt, unsicher gemacht, entwurzelt werden können. Man möchte sagen, im Wesensbild der Schwermut stehe der Untergang als ein positiver Wert; als etwas Ersehntes, Gewolltes. Eine Tendenz wirkt sich darin aus, dem eigenen Leben die Daseinsmöglichkeit zu nehmen; die tragenden Stützen zu erschüttern; die das eigene Leben rechtfertigenden Werte in Frage zu stellen — um so in jene Geistesverfassung einzumünden, die keine Rechtfertigung des eigenen Daseins mehr sieht, sich im Leeren und Sinnlosen empfindet: in die Verzweiflung.

Die Psychoanalyse hat dieses ganze Verhältnis auf

VOM SINN DER SCHWERMUT

sexuelle Wurzeln zurückzuführen versucht. Ohne auf ihre sinnlosen Uebertreibungen und Verallgemeinerungen einzugehen, die ein Wirklichkeitsbild schaffen, das nicht nur unerfreulich, sondern auch platt ist — in manchem hat sie wohl recht. Die tiefe Triebhaftigkeit; der, man möchte sagen, organische Charakter der Erscheinung deutet darauf hin. Aber durch die psychoanalytische Erklärung werden doch nur gewisse Schichten des Problems erfaßt. Die eigentlichen Wurzeln liegen im Geistigen. Wir werden noch davon sprechen. Ja, manchmal, in gewissen Augenblicken, nimmt jene Haltung sich selbst gegenüber eine Form an, vor der es schwer wird, den Gedanken des Dämonischen ganz fern zu halten: Dann, wenn der Schwermütige buchstäblich und mit der ganzen Heftigkeit des Affekts sich selber haßt ... Man mag noch so sehr die psychologischen Mechanismen sehen und verstehen — es gibt Augenblicke, wo einen die Frage förmlich anspringt: Was ist doch das, daß Leben sich so gegen sich selber kehrt?

Das alles bringt die Scheu vor den Menschen; treibt in Verborgenheit und Einsamkeit.
Das verwundbare Innere strebt, dem Verwundenden aus dem Wege zu gehen. Um seiner selbst willen; aber auch — und das ist wichtig bei der

Psychologie des Schwermütigen, der oft sehr tief altruistisch veranlagt ist — um anderen nicht weh zu tun. Fällt doch jeder Schmerz, den er zufügt, mit doppelter Gewalt auf ihn zurück. Der sich selbst nicht Vertrauende flieht davor, gesehen, besprochen zu werden; er fürchtet, die anderen könnten die eigene Armseligkeit durchschauen. Der Trieb kommt aber aus noch Tieferem: Es ist der Wunsch, in die Tiefe zu tauchen. Dieser Verborgenheitsdrang äußert sich im Wegbleiben von den Menschen. Dem Schwermütigen wird erst wohl, wenn er allein ist. Keiner bedarf so sehr der Stille, wie er. Die Stille ist ihm wie eine Wesenheit; eine geistige Luft, die aufatmen läßt; die lindert und birgt. Kierkegaard hat am Beginn seiner «Stadien auf dem Lebensweg» über Stille und Einsamkeit gesprochen. Es gehört zu seinem Schönsten:

«Im Gribswalde ist eine Stelle, die heißt «Achtwegewinkel»; keine Karte gibt sie an, und es findet sie nur, wer würdig ist, sie zu finden. «Achtwegewinkel» — eine seltsam widerspruchsvolle Bezeichnung! Wie können denn acht Wege, wo sie sich treffen, einen Winkel bilden? Wie kann das, was auf Verkehr und Wandel hindeutet, zugleich Einsamkeit und Abgeschiedenheit bezeichnen? Hat nicht eben das, was der Einsame flieht, seinen Namen vom Zusammentreffen von drei Wegen: Trivialität? Hier aber treffen wirklich

VOM SINN DER SCHWERMUT

acht Wege zusammen: Ist das nicht Trivialität in der Potenz? Und doch ist es so: Diese Stelle liegt ganz einsam, weltabgeschieden, verborgen, und der Widerspruch in ihrem Namen macht sie noch einsamer, wie der Widerspruch immer einsam macht. Die acht Wege mit ihrem Verkehr sind nur eine Möglichkeit für den Gedanken; denn niemand begeht diese Wege. Nur hin und wieder schwirrt ein Insekt vorüber, «lente festinans». Niemand begeht diese Wege; nur hin und wieder zieht einer jener flüchtigen Reisenden vorüber, einer von denen, die sich hastig umsehen, nicht um jemand zu finden, sondern um nicht gefunden zu werden; einer von denen, die nicht einmal im sicheren Versteck sich sehnen nach einer Botschaft von draußen, die sich nur vom Tode einholen lassen, wie der Hirsch von der Kugel — von der Kugel, die wohl erklärt, warum er nun so stille ist, aber nicht warum er so voller Unruhe war. Niemand begeht diese Wege; nur der Wind zieht darüber hin, von dem niemand weiß, von wannen er kommt und wohin er fährt. Und wer etwa dem verführerischen Wink der Einsamkeit folgt und den schmalen Fußweg einschlägt, um sich im Waldesdunkel zu bergen, der ist dort nicht so einsam wie am Achtwegewinkel. Acht Wege, und niemand, der sie begeht! Ist das nicht, als wäre die Welt ausgestorben und der Ueberlebende in Ver-

legenheit, von wem er sich begraben lassen soll? Ist's nicht, als wäre die Menschheit ausgewandert auf diesen acht Wegen und hätte *einen* dort vergessen!? . . . «Bene vixit, qui bene latuit», sagt der Dichter. Wenn das wahr ist, so habe ich gut gelebt; denn ich habe meinen Winkel gut gewählt. Und das ist sicher: daß die Welt mit allem was darin ist, sich immer am besten ausnimmt, wenn man sie verstohlen von einem Winkel aus sieht. Und sicher ist auch: daß alles, was in der Welt sich hören läßt und gehört zu werden verdient, nirgends so frisch, so bezaubernd klingt, als wenn man es von einem Winkel aus erlauscht. Wie oft habe ich meinen Winkel aufgesucht! Ich kannte ihn schon lange; aber erst jetzt habe ich entdeckt, daß es hier bei Tage so stille ist wie nie und nirgends bei Nacht. Immer ist es hier still, immer schön. Aber am schönsten, wenn die Sommersonne Feierabend hält, wenn der Himmel in sehnsuchtsvollem Blau strahlt, wenn die Natur aufatmet von der Hitze des Tages, wenn Bäume, Blumen und Gräser wohlig erzittern unter den Liebkosungen kühlender Lüfte; wenn die Sonne ihre Strahlen abnimmt, um nackt ins Meer zu tauchen, wenn die Erde sich zu ruhen bereitet und ihr Dankgebet zum Himmel schickt und die Sonne lind und weich die Erde mit ihrem Abschiedskuß umfängt.
Du freundlicher Geist, der du diese Stätte be-

VOM SINN DER SCHWERMUT

wohnst, ich danke dir, daß du meine Stille allzeit umfriedigtest; ich danke dir für jene Stunden, die ich an meiner Erinnerung spinnend hier zubrachte; ich danke dir für dies Versteck, das ich mein eigen nenne! Da wächst die Stille, wie die Schatten des Nachmittags wachsen; da wird das Schweigen immer tiefer, wie unter einer beschwörenden Zauberformel. Gibt es etwas so Berauschendes wie die Stille? So rasch der Trinker den Becher an die Lippen führt: der Wein berauscht ihn nicht so rasch wie mich die Stille, die mit jeder Sekunde wächst. Und dieser Becher Weins, ist er nicht wie ein Tropfen, verglichen mit dem unendlichen Meer des Schweigens, aus dem ich trinke? Und wiederum, was ist so flüchtig wie dieser süße Rausch? Ein Wort nur, und du fällst aus allen Himmeln: ein Erwachen, schlimmer als das Erwachen des Trunkenen, wenn er ernüchtert ist. Du bist ganz versunken und hast die Sprache vergessen: da zerreißt einer den Zauber, und du stehst da und schämst dich der Laute, die du hervorbringst...»[19]

Solches kann nur aus der Sehnsucht des Schwermütigen nach der Stille geschrieben werden.
Sein beständiges Flüchten in die Verborgenheit kommt auch in der ganzen Struktur seines Daseins zum Ausdruck. Es ist ein Dasein voll Kulissen

und Masken. Immer wieder verbirgt sich Eigentliches hinter Uneigentlichem. Gesellschaftliche Form, elegante Lässigkeit, Witz, sachlicher Ernst — alles das wird zu Fassaden, hinter denen sich ganz anderes, oft dunkle Verzweiflung birgt.
Unmittelbare Selbstmitteilung wird hier schwer. Es wird schwer, schlicht zu sagen, was man denkt; was in einem vorgeht; schwer, die inneren Dinge einfach beim Namen zu nennen. Sie sind zu sehr mit Ungewöhnlichem belastet. Die sind so, daß man gar nicht annehmen kann, der andere werde sie verstehen. Sie erscheinen dem, der sie lebt, irgendwie als ungeheuerlich, unerhört, fremd, furchtbar, vielleicht häßlich, nicht hineinpassend in das Täglich-Menschliche. Das Problem des Ausdrucks rollt sich hier auf; der Entzweiung zwischen dem Innern und dem Aeußern. Dem Schwermütigen sind Innerlichkeit und Ausdrucksmittel inkommensurabel. Geist und Körper; Absicht und Handlung; Gesinnung und Erfolg; der Anfang einer Entwicklung mit deren Vollzug . . . Ueberhaupt Höheres und Tieferes, Eigentliches und Uneigentliches, Hauptsache und Nebensache — das sind Zweiheiten, und zwischen ihnen steht für den Schwermütigen eine Mauer. Tragisch ist dieses Ausdrucksverhältnis, in welchem das Ausdrucksmittel für das Eigentlich-Gemeinte ebensoviel, ja, noch mehr Verhüllung ist als Offenbarung.

VOM SINN DER SCHWERMUT

Diese Tragik kann sich verschärfen bis zum Furchtbaren. Kierkegaard hat über diese Seite der Schwermut vielleicht Endgültiges gesagt; Aeußerungen, denen an Rang vielleicht nur gewisse Gestalten Dostojewskis an die Seite zu stellen sind. So vor allem in seinem Buch «Begriff der Angst», wo er das Dämonische erörtert. Er bestimmt es als die Angst vor dem Guten, die dann entsteht, wenn der Mensch sich in das Böse festgebissen hat. Ist dieser Mensch dann schwermütig, so wird jene Angst zur Verschlossenheit. Der Mensch fürchtet sich vor jeder Mitteilung seiner selbst, vor jedem Blick, den andere in ihn hineintun könnten. Und zwar nicht nur, weil er Angst vor den Folgen einer Enthüllung hat; das wäre nur einfaches böses Gewissen. Sondern deswegen, weil er das Gute fürchtet; weil er vor dem Guten als solchem zurückscheut. Der Anfang alles Guten aber ist die «Offenbarung», mit welcher der Mensch sich in das Licht stellt; das Offenbarwerden im Bekenntnis. Da wird dann die Schwermut zu jenem furchtbaren Verstummen, in welcher der Mensch sich in seiner Ablehnung des Guten zusammenschließt. Es ist nicht gut, zu viel über diese Dinge zu sprechen, zumal heute nicht, wo neben dem tiefen Leiden einzelner die Schamlosigkeit des öffentlichen Geschwätzes steht. Unsere Literaten reden viel und gern vom Dämonischen. Es gehört zur großen Mode. Wer so redet, weiß vom wirklichen Dämonischen nichts. Abgesehen davon aber, daß ein solcher die Worte zerstört — es besteht die Gefahr, daß, was er sagt, einem Besseren, als er ist, in die Seele fällt, einem ernsten, leidenden Menschen. Der redet dann nicht davon, aber er muß es tragen.

III

Wir haben vom Schweren, vom Negativen, vom Leid und von der Zerstörung in der Schwermut gesprochen. Aber bereits da ist überall etwas Großes durchgedrungen. Ueberall haben wir empfunden, daß Kostbares, Hohes aus dieser Not aufsteigt.

Jene Schwere, von der wir sprachen — es war das Erste, das, wovon wir ausgingen, um tiefer nach der Mitte des Phänomens vorzudringen — gibt allem Tun ein eigenes Gewicht, einen besonderen Tiefgang. Man spürt es einem Menschen wohl an, ob die Wurzeln seines Wesens an die Schwermut rühren. Die helle Unbefangenheit eines Daseins ist beglückend. Wer aber um jenen an-

VOM SINN DER SCHWERMUT

deren Bereich weiß, der kann endgültig nur mit Menschen und Gedanken leben, die nach jener Tiefe hin Fühlung haben. Größe, vollends wirkliche Größe ist nicht möglich ohne jenen Druck, der allen Dingen erst ihr ganzes Gewicht gibt, und die Kraft zur eigentlichen Spannung hebt; ohne jene gleichsam konstitutionelle Trauer, das, was Dante «la grande tristezza» nennt, die, nicht aus einem besonderen Anlaß, sondern aus dem Dasein selbst erwächst.

Diese Schwere aber wiederum, diese dunkle Trauer trägt zuweilen unendlich kostbare Frucht: Daß der Druck sich löst, daß die innere Eingeschlossenheit sich auftut, und dann jene Leichtigkeit des Daseins aufsteigt; jenes schwebende Gehobensein des ganzen Menschen; jene Durchsichtigkeit der Dinge und des Daseins; jene Klarheit der Schau und Unfehlbarkeit der Formung, wie sie wiederum Kierkegaard beschrieben hat.
Wir haben vom Drang in die Verborgenheit und Stille gesprochen. Der bedeutet nicht nur Furcht vor dem Zusammentreffen mit der verwundeten Wirklichkeit. Er bedeutet im letzten die innere Gravitation der Seele nach der großen Mitte; das Hindrängen in Innerlichkeit und Tiefe; in jene Region, wo das Leben aus dem zufälligen Durcheinander in geborgene Stätte eingeht, wo es, aus

der Mannigfaltigkeit der Einzeläußerung befreit, in der vielbefassenden Einfachheit des Grundes west. Es ist das Heimverlangen aus der Zerstreuung in die Sammlung des Inbegriffs. Aus der Preisgabe des äußeren Daseins in die Scheu und Hut des Heiligtums. Aus dem Oberflächlichen in das Geheimnis der Urgründe: Die Sehnsucht der großen Schwermütigen in die Nacht und zu den Müttern.

Schwermut ist Zusammenhang mit den dunklen Gründen des Seins — und «Dunkel» bedeutet hier keine Abwertung. Nicht den Gegensatz zum guten und schönen Licht. Dunkel bedeutet hier nicht «Finsternis», sondern den lebendigen Gegenwert zum Lichte. Finsternis ist böse; etwas Negatives. Das Dunkel aber gehört zum Licht, und beide zusammen bilden das Geheimnis des Eigentlichen. Nach diesem Dunkel hin verlangt die Schwermut; wissend, daß aus ihm die hellen gegenwärtigen Gestalten auftauchen.

Und, in eigentümlicher Gegensätzlichkeit dazu: Die Verwandtschaft mit dem unendlichen Raum; mit den leeren Weiten: das Meer, die Heide, die kahlen Bergrücken, der Herbst, der die Blätter sinken macht und die Räume lichtet; der Mythos mit seinen ins Unendliche sich dehnenden Zeitweiten der Vergangenheit. Endloser äußerer Raum und verborgenes Innen — beides kommuniziert

VOM SINN DER SCHWERMUT

miteinander. Beides Gleichnis und Ort für tiefes Geschehen.

Eben diese Schwermut, welche die Dinge entwertet, Gestalten und Geltungen aushöhlt; die alles wesenlos macht und sich so in die Leere und den Ueberdruß treibt; die Wertstützen des eigenen Daseins wegbricht und sich so in die Sinnlosigkeit der Verzweiflung drängt — diese gleiche Schwermut ist es, aus welcher das Dionysische bricht. Der schwermütige Mensch hat wohl die tiefste Beziehung zur Fülle des Daseins. Ihm leuchtet heller die Farbigkeit der Welt; ihm tönt inniger die Süßigkeit des inneren Klanges. Er spürt ganz ans Lebendige die Gewalt ihrer Gestalten. Der Schwermütige ist es, aus dessen Wesen das Uebermaß der Lebensflut bricht und der die Unbändigkeit alles Daseins zu erfahren vermag.

Immer aber, glaube ich, verbunden mit der Güte. Verbunden mit dem Wunsch, das Leben möge in Güte gehen, in Freundlichkeit und den Anderen wohltätig.

Ich glaube nicht, daß der wirklich Schwermütige von Natur hart sein könne. Dafür ist er dem Leiden zu tief verschwistert. Gewiß, schwermütige Menschen sind hart gewesen, ja unbarmherzig. Aber dann sind sie es aus innerer Not geworden; aus Angst, aus Verzweiflung. Sie sind mit sich selbst nicht fertig geworden. Nichts wird so grausam wie die Verzweiflung, die sich nicht mehr zu helfen weiß. Dann freilich, wenn der Schwermütige die Güte verliert — gerade weil er so tief mit dem Leben verbunden ist; wenn er dann die Güte verliert, kommt etwas besonders Böses in ihn hinein. Etwas, was aus Nähe, aus Fühlung mit den Nerven des Lebens böse ist. Dann vermag er in jener Weise wehe zu tun, wie das Leben ihm Schmerz zufügt. Auch diese Seite der Schwermut hat Kierkegaard gezeichnet, in der Gestalt des Nero in «Entweder — Oder».

Das aber bringt uns an das Wertzentrum der Schwermut heran: In ihrem letzten Wesen ist sie Sehnsucht nach Liebe. Nach Liebe in all ihren Formen und in all ihren Stufen; von der elementarsten Sinnlichkeit bis zur höchsten Liebe des Geistes. Die Herzkraft der Schwermut ist der Eros; das Verlangen nach Liebe und nach Schönheit.

Dieses tiefe Verlangen, und daß es nicht nur einem Teilbereich des Wesens entspringt, sondern seiner Mitte; daß es sich nicht nur auf besondere Beziehungen und Zeiten beschränkt, sondern das Ganze durchzieht; daß das ganze schwermütige Wesen vom Eros durchtränkt ist, und der Eros diesen besonderen Charakter hat: nach Liebe verlangt und Schönheit in Einem; nach Schönheit, die ja selbst etwas tief Gefährdetes ist, und, wo sie auftaucht, eine Krise des Leben-Könnens anzeigt — das ist Grund für die Verwundbarkeit, von der wir sprachen. Denn die liebende Natur steht offen. Sie ist bereit zum Hinübergehen und Aufnehmen; zum Geben und Empfangen. Sie ist vertrauend. Sie schützt sich nicht.

Sie erfährt das Leid der Vergänglichkeit: Daß das Geliebte weggenommen wird. Daß lebendige Schönheit immer nur im Vorübergehen ist. Daß der Nachbar des Schönen der Tod ist.

Aber wie in äußerster Gegenwehr dazu ist da die Sehnsucht nach dem Ewigen, Unendlichen; nach dem Absoluten. Die Schwermut verlangt nach dem schlechthin Vollkommenen; Unzugänglich-Geborgenen, ganz Tiefen und Innerlichen; nach dem Unantastbar-Vornehmen und Edlen und Kostbaren.

Es ist das Verlangen nach dem, was Platon das eigentliche Ziel des Eros nennt, nach dem Höchsten Gut, welches zugleich das eigentlich Wirkliche ist, und die Schönheit selbst, unvergänglich und ohne Grenze. Das Verlangen, dieser allein erfüllenden Wirklichkeit inne zu werden; sie in sich aufzunehmen, mit ihr vereinigt zu werden. Etwas Besonderes ist das, was man durch die ganze Geschichte des menschlichen Suchens und Denkens hindurch verfolgen kann. Ein besonders heftiges Ungenügen am Endlichen. Der Wille zu einer besonderen Art und einer besonderen Intensität in der Weise, dieses Absoluten habhaft zu werden. Ihm genügt nicht, es zu erkennen; es ethisch wollend in die Handlungen aufzunehmen. Er hat das Verlangen nach Vereinigung; nach Kontakt von Wesen zu Wesen; nach einem Eintauchen und Trinken und Gesättigtwerden. Ein Verlangen nach seiender Einheit.

Hierher drängen jene beiden Grundtriebe des Lebens, die im Schwermütigen eine besondere Farbe haben und in so schmerzlichem Widerspruch zueinander stehen: Der nach Erfüllung, und der nach Untergang. Untergang der kärglichen, nur menschlich-irdischen Existenzform, auf daß jenes Eine sei alles in allem. Auf daß eben darin die höchste Lebenserfüllung geschehe. Worte wie das Paulinische: «Ich lebe, doch nicht ich, sondern Christus lebt in mir», drücken, auf der höheren Ebene des Christlichen, die innerste Sehnsucht jener Geistesart aus, die den Preis dafür in der Schwermut bezahlt.

Das Verlangen nach dem Absoluten, aber so, daß dieses das Gute ist, das Edle, das heißt, der besondere, wesenhaft zugehörige Gegenstand der Liebe. Der Schwermütige verlangt danach, dem Absoluten zu begegnen, aber als Liebe und Schönheit.

VOM SINN DER SCHWERMUT

IV

Wiederum aber — und hier schließt sich der Ring: Dieses Verlangen nach dem Absoluten ist beim Schwermütigen mit einem tiefen Bewußtsein verbunden, daß es vergeblich ist.

Die schwermütige Veranlagung ist wertfühlig, wertverlangend. Sie verlangt nach dem Inbegriff des Kostbaren, nach dem höchsten Gut. Aber es ist, als ob eben dieses Wertverlangen sich gegen sich selber kehre. Denn neben ihm läuft das Gefühl der Unerfüllbarkeit. Das kann sich an bestimmte Erlebnisse heften: Hier versagt zu haben; dort die Pflicht versäumt; wieder wo Zeit verloren, Nicht-mehr-Einzubringendes verspielt zu haben... Das sind alles aber nur Einheftungsstellen für Tieferes; für ein gleichsam von vornherein jener Sehnsucht beigegebenes Gefühl der Unmöglichkeit. Die Unmöglichkeit liegt schon in der Weise, wie das Absolute gewollt ist. In einer Ungeduld, die zu schnell haben will; in einer Unmittelbarkeit, welche die Zwischeninstanzen nicht sieht, und so einen phantastischen Weg dorthin einschlägt... Jedenfalls: Das Verlangen nach der Fülle des Wertes und des Lebens, nach der unendlichen Schönheit, im Tiefsten verbunden mit dem Gefühl der Vergänglichkeit, der Versäumnis, des

Verlorenhabens, mit der unstillbaren Wehmut und Trauer und Ruhelosigkeit, die da kommt — das ist Schwermut.

Sie ist wie eine Luft, die alles umgibt, wie ein Fluidum, das alles durchströmt, wie eine tiefe Bitterkeit und Süße zugleich, die allem beigemischt ist.

V

Das führt uns zu der Frage, was der Sinn dieser Erscheinung sei, und welche Aufgabe sie stelle. Ich glaube, über alle medizinische und pädagogische Betrachtung hinaus hat sie einen solchen Sinn: Sie ist Anzeichen, daß es das Absolute gibt. Die Unendlichkeit bezeugt sich im Herzen. Die Schwermut ist Ausdruck dafür, daß wir begrenzte Wesen sind, Wand an Wand mit — lassen wir das allzu vorsichtige und abstrakte Wort fallen, das wir bisher brauchten, «das Absolute», und setzen jenes her, das wirklich hergehört: Daß wir Wand an Wand mit Gott leben. Daß wir angerufen sind durch Gott; aufgerufen, ihn in unser Dasein aufzunehmen.

Die Schwermut ist die Not der Geburt des Ewigen im Menschen. Vielleicht sagen wir besser, in bestimmten Menschen; bestimmt dafür, diese Nach-

VOM SINN DER SCHWERMUT

barschaft, die Not dieser Geburt tiefer zu erleben.
Es gibt solche, welche das Natürlich-Menschliche
vor allem erfahren; das Stehen in umrissener Gestalt, in deutlich umgrenztem Werk; das Leben
mit zugemessener Freude und zugemessenem Leide.
Sie stehen klar in ihrer irdischen Situation. Und
wenn sie der Gefahr dieser Klarheit nicht verfallen, dem Behagen und der Philisterei; wenn ihnen
aufgeht, daß ihr Endliches Ebene unendlicher Entscheidungen ist, dann ist solches Dasein schön und
edel.

Und es gibt solche, die gewissermaßen ohne weiteres «drüben» sind, unirdisch lebend, fremd hier,
wartend auf das Eigentliche. Auch deren Leben ist
klar. Ihre Gefahr ist, daß sie phantastisch werden,
ortlos, unernst. Ueberwinden sie diese Gefahr; lernen sie die Treue des Stehens an zugewiesener
Stelle; die Wachsamkeit des Wartens, ohne darüber
die Tagespflicht zu versäumen, auch wenn sie
ihnen noch so unbedeutend vorkommt, dann wird
auch ihr Dasein klar und schön.

Es gibt aber auch solche, welche tief das Geheimnis der Angrenzung erfahren, Menschen der Grenze. Ihrer ganzen Natur nach stehen sie nicht einseitig hüben oder jenseits. Sie leben im Grenzbereich. Sie erfahren die Beunruhigung der einen
Sphäre durch die andere — wie sie es auch sind,
die die Pole des Menschlichen in sich tragen, seine

Gesamtheit, und damit aber auch die Möglichkeit der inneren Entzweiung.

Mediziner und Psychologen wissen viel Treffendes über die Ursachen und die innere Struktur der Schwermut zu sagen. Dabei kommt freilich oft etwas so Banales heraus, daß man es mit der Tiefe und Erlebnisgewalt gar nicht mehr zusammenbringt, die eigentlich in jenem Erfahren liegt. Was sie zu sagen wissen, ist eben die Lehre von gewissen unteren Strukturgrundlagen und nicht mehr. Der eigentliche Sinn erschließt sich nur aus dem Geistigen. Und der scheint mir im Letzten hierin zu liegen: Die Schwermut ist die Beunruhigung des Menschen durch die Nachbarschaft des Ewigen. Beseligung und Bedrohung zugleich.

Doch muß unterschieden werden. Kierkegaard selber wiederum ist es, der darauf hinweist. Es gibt eine gute Schwermut und eine böse.

Gut ist jene, die einer Geburt des Ewigen vorausgeht. Es ist die innere Bedrängnis, die aus der Nähe des Ewigen entspringt; daraus, daß es drängt, verwirklicht zu werden. Die allezeit, auch wenn sie nicht bewußt empfunden wird, wirksame Forderung, die unendlichen Inhalte ins eigene Leben aufzunehmen; in Gesinnung und Tun auszudrücken. Besonders dringlich dann, wenn es Zeit ist;

VOM SINN DER SCHWERMUT

wenn die Stunde kommt; wenn eine Entscheidung fallen, ein Werk vollbracht werden soll; wenn eine neue Phase im lebendigen Werden des Menschen, ein neuer Durchbruch der inneren geistigen Gestalt vollzogen werden soll. Solches Schaffen und Werden geht aus einer inneren Bedrängnis hervor, die ja zugleich die Not sich stauender Fülle ist; bedeutet die Angst des Lebens vor der Beanspruchung durch das Geborenwerden dessen, was in ihm Gestalt gewinnen will. Es fühlt, es soll sich selbst dareingeben; es soll ein bisher Sicheres loslassen; etwas soll untergehen, damit das Neue werden kann.

Dieses Schaffen und Werden sind Aufstiege, Scheitelpunkte, auf welchen das Leben sein Aeußerstes hergibt. Sie werden offenbar nur erreicht, wenn es vorher durch den Tiefpunkt geht. Der schaffende, lebengebende Mensch ist anders als der erobernde, haltende, beherrschende und formende. Jener bringt hervor, und erreicht darin eine Höhe, die dieser nicht kennt. Er hat aber zugleich eine Fragwürdigkeit in sich. Er weiß, daß er Werkzeug von Märchen ist. Er trägt das Gefühl einer irgendwie gearteten Unwertigkeit; ja Verächtlichkeit. Jeder Schaffende hat etwas in sich, dessen er sich schämt, und das er spürt, sobald er den nicht Schaffenden, und eben darin so sicheren, eindeutigen Menschen gegenübersteht. Von solcher Fragwürdigkeit, die zum Schöpferischen gehört, wird in der Schwermut das Bitterste erlebt.

Diese Schwermut, die gute, ist zu tragen, auszutragen. Aus ihr steigt Werk und Werden hervor, und alles ist dann verwandelt. Wird sie nicht ausgetragen, findet der Mensch nicht die Kraft, sich zusammenzufassen in das Werk und sich in das Werden zu sammeln; hat er nicht die Großmut des Opfers, den Wagemut des Loslassens, die Kraft des Durchbrechens; bleibt darin, was heraus wollte, oder wird es nur verkümmert wirklich — dann erwacht die zweite Form der Schwermut, die böse. Sie besteht im Bewußtsein, daß das Ewige die Gestalt nicht gewonnen hat, die es gewinnen sollte; im Bewußtsein, versagt zu haben, verspielt zu haben. In ihr wird die Gefahr gefühlt, verloren zu sein, weil nicht getan wurde, was aufgegeben war; was ewiges Heil oder Unheil bedeutet, aber vollbracht werden muß in der Zeit, die abrinnt, und nicht wieder eingebracht werden kann. Diese Schwermut hat einen anderen Charakter. Sie ist böse. Sie kann zur Hoffnungslosigkeit, zur Verzweiflung ansteigen, in welcher der Mensch sich selbst aufgibt, das Verspielthaben definitiv setzt.

Aber auch dieser Schwermut gegenüber besteht eine Aufgabe. Was geschehen ist, kann nicht rückgängig gemacht werden. Was verloren ist, kann direkt nicht wieder eingeholt werden. Aber es gibt etwas Höheres; es gibt den Appell an das Religiöse. Das bloß Ethische sagt: Was geschehen ist, bleibt geschehen; und du hast die Verantwortung. Was verloren ist, bleibt verloren; und du hast die Verantwortung. Sieh zu, daß du es das nächste Mal richtig tust . . . Das ist aber abstrakt gesagt. Wenn es nun kein abstraktes Subjekt gibt, das da handelt, sondern nur ein lebendiges? Mit dem lebendigen Zusammenhang seines Daseins, in welchem ein Tag den anderen voraussetzt, ein Tun auf dem anderen ruht? Dann geht dieses «das nächste Mal richtig machen» nicht. Dann kann man das Geschehene nicht einfach geschehen sein lassen, und das Folgende tun. Der Mensch handelt immer als der Ganze, der er ist. So muß in irgendeiner Weise das Vergangene bewältigt werden, damit das ganze Leben dem neuen zur Verfügung stehe. Das aber kann durch einen bloß ethischen Akt nicht geschehen, sondern nur durch einen religiösen, und das ist die Reue. Die Reue ist ein Neuwerden vor Gott. Wirkliche Reue gibt es nur vor dem Absoluten. Jedoch nicht vor dem Abstrakt-Absoluten, einem bloßen Imperativ, oder Sittengesetz, sondern nur vor einem Lebendigen, vor Gott. Reue bedeutet, daß ich mich zu Gott stelle, gegen mich selbst. Daß ich mich nicht in Eigengerechtigkeit behaupte, sondern mich in das Schuldigsein hineingebe — vor Gott und mit ihm. Darin liegt das Lebendige. In diesem «vor Gott und mit ihm» erwacht ein Neues, das nicht analysiert werden kann. Wiederum eine Geburt, ein Werden. Darin wird das Verfehlte nicht ungeschehen gemacht, sondern überwunden. Das Versäumte wird nicht mechanisch nachgeholt, aber auf einer höheren Ebene neu gewonnen.

Alles Gesagte betraf gleichsam die kritischen Punkte des schwermütigen Lebens, die Entscheidungsstellen. Wichtiger ist es, weil grundlegender, die Ebene zu gewinnen, auf der überhaupt die Probleme dieser ganzen Existenz bewältigt werden können. Es ist das Verhältnis zur Wirklichkeit.
Worin der Fehler des schwermütigen Verhältnisses zur Wirklichkeit liegt, wird besonders an zwei Stellen deutlich; an einer doppelten Versuchung, die an den Menschen überhaupt, aber besonders an den Schwermütigen, herantritt: Unterzugehen in der Unmittelbarkeit der Natur und der Sinne — und unterzugehen in der Unmittelbarkeit des Religiösen.

Die erste Versuchung zeigt das falsche Verhältnis zu den Dingen und zu sich selbst. Alles wird unmittelbar genommen, und das eigene Selbst als ein Stück Natur, in der es sich unmittelbar aus-

VOM SINN DER SCHWERMUT

leben will. Als ein großer Zusammenhang, als ein einziger Strom; ein großes Wandeln von Gestalt in Gestalt, und nirgendwo deutliche Grenzen. Alles Eins: Ein Sein; ein Leben; ein Geborenwerden und Streben; ein Fühlen und Leiden ... Alle Mannigfaltigkeit nur Ausdruck des Einen. Das Eine sich auswirkend in tausend Gestalten. Und da die große Versuchung, hineinzustürzen, sich hineinsinken zu lassen, je nach der Stimmung, zu grenzenlosem Genießen, Erleben, Ausleben .. oder in müde Selbstaufgabe ... oder in die Resignation der eigenen Kleinheit vor den großen Gewalten ... Die Versuchung, sich auszuleben im unmittelbaren Schaffen; in der Genialität der strömenden Produktion, worin der Mensch sich Organ der Natur fühlt, oder Ausbruchsstelle unbenennbarer Mächte, oder Werkzeug des ortlos strömenden Geistes ... Oder wiederum, scheinbar über diese Naturzusammenhänge hinaussteigend, dennoch doch nur ihren konstruktiven Gegenpol hinausprojezierend, in einem Titanismus des Geistes, des ruhelosen Suchens, der alles zerstörenden Frage und des alles unterwühlenden Zweifels ...

Die andere Versuchung geht auf ein falsches Verhältnis zum Absoluten. Auch das wird unmittelbar genommen: Als eine ohne weiteres zu erreichende Grenzenlosigkeit; als direkt einzusaugende Fülle; als ein Geheimnis, in das man kontinuierlich eindringt, denkend, schauend, fühlend, sich sehnend; als eine Ferne, auf die man geraden Weges zusteuert ... und wie immer ausgedrückt werden mag, daß das Absolute als etwas genommen wird, zu welchem der Mensch in unmittelbarem Verhältnis steht. Ohne weiteres zu fassen; sei es nun fromm oder unfromm; in Auflehnung oder in Hingabe.

Beidemal wird das Entscheidende aufgegeben: die Grenze; das eigentlich Menschliche. Nicht Welt zu sein; mehr als sie. Nicht ein Stück Natur; sondern mit dem Eigentlichen anders als sie. Nicht eine Welle im Strom, ein Atom im Wirbel, ein Organ im großen Zusammenhang, sondern Geist; Person, ihrer selbst mächtige, selbstverantwortliche Person; Gottes Ebenbild, unter seinem Anruf stehend, und von ihm her frei in dieser Welt. Anderseits aber nicht Gott. Nicht ein Stück von ihm; nicht Konkretisierung seiner grenzenlosen Sinnfülle; nicht Organ seines strömenden Geistes, und wie immer sonst noch der wesenhafte absolute Unterschied zwischen Gott und Mensch verwischt werden mag, sondern «absolut weniger» als er: Sein Geschöpf.

Gottes Geschöpf ist der Mensch. So wird es unmöglich, sich ohne weiteres in ihn zu ergießen, und der Versuch dazu unerlaubt. Aller Weg zu Gott geht durch das Bewußtsein des unendlichen

VOM SINN DER SCHWERMUT

Abstandes; durch Ehrfurcht; durch «Furcht und Zittern» des Geschöpfes.

Aber Gottes Ebenbild; Geist und Person. Dadurch wird es unmöglich, Stück der Natur zu sein, und unerlaubt der Versuch, es zu werden. Vielmehr ist das Innerste des Menschen außer der Welt; vor Gott stehend; fähig und bestimmt, seinen Anruf zu vernehmen und ihm zu antworten.

Das alles aber heißt: Der Sinn des Menschen ist, lebendige Grenze zu sein und dieses Leben der Grenze auf sich zu nehmen und durchzutragen. Damit steht er in der Wirklichkeit; ist frei von den Verzauberungen falscher, unmittelbarer Gotteinheit sowohl, wie unmittelbarer Naturselbigkeit. Eine Kluft; ein Bruch nach beiden Seiten hin. Sein Weg in die Natur gebrochen dadurch, daß er unter der Verantwortung Gottes steht. Damit sein ganzes Verhältnis zur Natur unter den Blick des Geistes; unter die Pflicht der Würde gestellt; Inhalt von Verantwortung. Sein Weg zu Gott gebrochen dadurch, daß er nur Geschöpf ist, daher zu Gott wesenhaft kommen muß in jenem Akt, der Trennung und Verbindung zugleich ist: In Anbetung und in Gehorsam. Jede Aussage über Gott, die nicht in den Akt der Anbetung eingehen kann, ist falsch; und falsch wiederum jedes Benehmen gegen Gott, das nicht in die Form des Gehorsams eingehen kann.

Hierin, in dieser Gesinnung zeichnet sich die eigentliche menschliche Haltung ab. Die Haltung der Grenze, die eben damit die der Wirklichkeit ist.

Sie ist Wahrhaftigkeit, Tapferkeit und Geduld. Geduld vor allem. Die eigentliche Lösung freilich kommt erst aus dem Glauben; aus der Liebe Gottes.

Erst das Mysterium von Gethsemane — und hinter ihm das dunkle Mysterium der Sünde, mit allem, was sie gebracht hat — erst das gibt die eigentliche Antwort: Daß der Herr «traurig gewesen ist bis zum Tode»; und daß er alle Last der Schwere hindurchgetragen hat in dem Willen des Vaters. Erst im Kreuze Christi liegt die Lösung für die Not der Schwermut. Darüber konnte hier nicht mehr gesprochen werden — wie mir denn jetzt, am Ende, sehr zu Bewußtsein kommt, wie unvollkommen und bruchstückhaft alles ist, was gesagt wurde. Aber es mag stehen bleiben, weil ich Besseres noch nicht zu sagen weiß und glaube, daß es wohltätig ist, wenn diese Dinge auch nur irgendwie ausgesprochen werden.

Auch davon konnte nicht mehr die Rede sein, wie tief die Fragen der Schwermut gestellt und die christlichen Antworten darauf gegeben werden in den Briefen des heiligen Paulus. In kurzen Sätzen geschieht es; in Ausrufen; im Unterton der gan-

VOM SINN DER SCHWERMUT

zen Erörterung; in der Farbe und im Klang. Eine richtige Theologie der Schwermut liegt da, verständlich freilich nur dem — «der erfahren hat».
Hier kommt auch die Antwort auf jenes in der Schwermut, wofür es «Lösung» auf Erden überhaupt nicht gibt.

ANMERKUNGEN

1 Tagebücher, Ausw. u. Uebers. v. Th. Haecker, Innsbr. 1923, I, 180.
2 Der Gesichtspunkt für meine Wirksamkeit als Schriftsteller, Ausg. Chr. Schrempf, Jena, S. 55f.
3 Tagebücher I, 83.
4 Tagebücher I, 153.
5 Tagebücher I, 131.
6 Tagebücher I, 49.
7 Der Gesichtspunkt 56.
8 Der Gesichtspunkt 57f.
9 Tagebücher I, 188f.
10 Tagebücher I, 406.
11 Die Wiederholung, Ausg. Chr. Schrempf, Jena, 161f.
12 Tagebücher I, 104.
13 Der Gesichtspunkt 48f.
14 Der Gesichtspunkt 50.
15 Tagebücher II, 220.
16 Der Gesichtspunkt 54f.
17 Tagebücher I, 376—378.
18 Mit alledem ist also nicht gesagt, der Wert selbst als solcher zerstöre oder gefährde; sondern die innere Verworrenheit des gefallenen Menschen neige dazu, den Wert zwiespältig zur Auswirkung kommen zu lassen.
19 Stadien S. 15—17.

NACHWORT

Bei einem Denker, dessen Werke uns immer wieder durch seine spontanen Impulse überraschten, ist es keineswegs erstaunlich, wenn diese Werke ihre Lebendigkeit durch Jahrzehnte hindurch bewahren. Als ich in den Wochen einer langen Krankheit auf die vorliegende Arbeit stieß, bestätigte sich ihre zeitlose Gültigkeit und heilsame Aktualität, obgleich sie, im Jahre 1928 entstanden, damals schon beinahe zwei Jahrzehnte alt war. Und erfüllt von Dankbarkeit, weil diese Worte über die Schwermut sich als großer Trost erwiesen, machte ich Herrn Professor Romano Guardini bald darauf den Vorschlag, die kleine Arbeit neu herauszubringen, dem er denn auch, nach einigen Bedenken, sie könnte überholt sein, zustimmte. Hoffen wir, daß diese Neuausgabe, obgleich aus einem persönlichen Bedürfnis heraus entstanden, die bleibende Aktualität der Arbeit bestätigen und sich damit rechtfertigen möge.

Im Februar 1949.

Der Verleger.

9.80   ZA 30 K